AF369196

Die Klage der Dohle

Gedichte

Christoph Sebastian Widdau

Bibliografische Information der Deutschen Nationalbibliothek:
Die Deutsche Nationalbibliothek verzeichnet diese Publikation in
der Deutschen Nationalbibliografie; detaillierte bibliografische
Daten sind im Internet über dnb.dnb.de abrufbar.

Verlag: BoD • Books on Demand GmbH, In de Tarpen 42,
22848 Norderstedt
Druck: Libri Plureos GmbH, Friedensallee 273, 22763 Hamburg

ISBN: 978-3-7597-3079-4

Den Zeitlosen

Inhalt

Glockenstrang

Stufen nimmt er, zwei zugleich,
knarrend, stöhnend – fast der Sturz!

    Die Zeit im Wald geriet ihm kurz,
    die Schneisenstund' im Himmelreich.

Der Goldkelch in der Höhe gleißt,
versengt das Fleisch, den schwachen Geist.

    Geflüster dringt noch durch die Blätter,
    hauchend, stöhnend – fast der Fall!

Im Turm, greif' rasch, blend' aus im Schall,
damit vergibt der wissend' Retter!

    Am Strang reißt er, berauscht, schier wild,
    als ob's auf Erden nicht mehr stillt.

Gegrüßt wird sie, Gottkönigin,
im Glockenlaut, im Abersinn.

Wo Gesicht war, sei

Wo Gesicht war, sei
mit tröpfelnden Hieben
geformte Masse

Wo Hinterhalt lockte,
mit gebrochenen Nägeln
ortlos Gekratztes

Wo Stunden schwiegen,
die ausgestrichenen,
in Gliedern und Reihen

Wo ich gerade rückte,
mit tonlosem Züngeln,
betastetes Nichts

Wo einst ich bot
Federschmuck und Stirn,
galt Schöpfung

Der Ferge

Schlag' die Masse, nasse Last,
stich in See, nur zu, nun schnell!
Noch ist's Tage, noch ist's hell.
        – Lass nicht ab, im gold'nen Glast,
        Zeit ist später für die Rast!

Am Horizont erscheint ein Ziel,
bezwing' die See, nur zu, nun schnell!
Ich träume süß – dort reizt der Quell.
        – Lass nicht ab, treibe rasch den Kiel,
        Zeit ist später für ein Spiel!

Doch jäh kein Quell mehr und kein Pier
– wo spinnst du, Ferge? Sei kein Geist!
Das Ruder treibt, der Bug verwaist.
        – Lass nicht ab, lass nicht ab von mir,
        der Horizont hängt ab von dir!

Wenn das Wort fällt

Wenn das Wort fällt,
in das Bodenlose,
dann ist es gescheh'n,
um den aufrechten Gang,
um die Chance auf Sicht,
um die sanfte Brise,
ersaufendes Seelchen

Von Wache zu Wache,
langend und spreizend,
in das Bodenlose,
um zu fischen den Klang,
um zu schöpfen das Wort,
das nicht fällt, das nicht treibt
auf einer hohen See

Blick, silbenlos

Nichts weiter bricht
als ein Wort, ein Blick
im Bruch nichts sucht,
als einen silbenlosen
Punkt, in der Flucht
vor einem irrenden blick,
einem wort, als bloß bricht
ein ich im wir weiter nichts
ich ist als ein irrtum im
wort nichts suchend als
blick silbenlos nichts
weiter als punkt im
wort fluchtpunkt
ohne laut nichts
weiter

Die Jagd des Kätzchens

Das Kätzchen maunzt auf seinem Platz
und jäh macht es den Panthersatz,
zur gleichen Stund', zur Mitternacht,
so hat's das Schälchen leer gemacht

Das Kätzchen maunzt auf seinem Platz
und jäh macht es den Panthersatz,
zur gleichen Zeit, im Mittagslicht,
so voll war ja das Bäuchlein nicht

Das Kätzchen ruht auf seinem Platz
und selig macht es „Schnarch" und „Ratz"
fast immer sonst, genug gelabt,
das Raubtier träumt von wilder Jagd

Bedeutung

Im Jahr des Irgendwas
erklomm er den da, irgendwie,
und rief nach irgendwem
oder irgendwem nach,
der sonstwo sei

Mit Gewese, Bohei und so,
aber mehr weiß ich nicht,
woher auch,
ganz richtig war der ja nie

Bericht von der Luftlinie

Luftlinie, versessen gezogen,
bis zur Nasenspitze, weitab,
hinter vorgehaltener Hand,
von der erzitternden Zunge

über die Gluthauch schwärmt,
über die Flammen knistern,
über die Brände flüstern

bis gemeldet wird
die Feuersnot
über einem Häufchen Asche,
kalt und amtlich

Im Tal

Rauch steigt auf, in Fern', wie sanft,
die Lohe – nichts als Ahnung,
ein Schnitt ins Fleisch, vom trock'nen Ranft,
rutscht ab das Messer, kein Gekreisch,
der Tropfen langt zur Mahnung

Rauch schwebt grau durch's Himmelrot,
die Lohe heizt den Kreis,
ein Blitz im Geist, vom Ruf der Not,
ertönt dumpfgrell, was er längst gneißt,
im Faltenlegen schweigt und weiß

Rauch dringt ein, erstickt den Flur,
die Lohe treibt zur Schwelle,
ein Schuss, gar stumm, im Feuerschwur,
nicht mehr als harmlos' Fluggesumm,
das Tal erstrahlt ihm helle

La Belle et la Bête, Zwischenspiel

Denn herzen, kosen kann ich's nicht,
„Dies ist die Pflicht!" – wer murmelt es?
Du, Rabe, sollst der Bote sein,
um auszusenden mein Gewein'

Denn Vaters Lieb' ich nicht entsprang,
„Dies ist der Gang!" – wer flüstert es?
Du, Eibe, sollst die Zeugin sein,
wenn ich entsage meiner Pein

Von Herr zu Herr, gar Wirren nur,
„Dies ist Natur!" – wer wispert es?
Ihr, Rosen, sollt die Schlafstatt sein,
um mich zu zier'n im Morgenschein

Sittsamkeit

Gemachter Hof,
über den ich trage,
wenn Lider fallen,
mit gastlichen Wimpern

Zünglein an der Waage,
mit dem ich lösche,
wenn Brunst treibt,
aus tobenden Fackeln

Zu Rande kommend,
in der Woge aus Laken,
wenn die Glocke schlägt,
zur wispernden Nacht

Die Klage der Dohle

Geehrt seist du,
Allerlei entleibter Herzen,
kredenzt, unergründlich,
auf hölzernen Bänken
und kühlem Stein

Geehrt seist du,
im Nachhall der Preisung,
die in Ritzen schwingt,
um Leuchter wandelt
und im Brunnen geistert

Schnippen Finger,
zum Blick des Vorübergehens,
auf Holz, Stuhl, Kerze,
auf der Suche nach Gruft,
Prospekt und Drehkreuz

Bestand

Inmitten postierter Schwefelhölzer
des verbrieften Verschlags
schmiegen sich im Takt

Gräser, Psalmen, Schnecken,
Drähte, Wellen, Klammern,
Patronen, Lippen, Klingen

Ach Sehnende,
und du rufst nach
ist dir nicht wohl
als ob in der Siedlung
Sex, nur so

Eiswürfelschale

In der Eiswürfelschale
platzierst du mich
neben Erbsen und Fisch,
darin finde ich Platz:
Fatum, ein Satz

Wenn wir zwei ein Vöglein wär'n

Wenn wir zwei ein Vöglein wär'n,
dann wär'n wir schizophren,
wir wär'n zwei Paar in einem Kleid
und würden flatternd geh'n

Wenn wir zwei ein Töfftöff wär'n,
dann müssten wir zum TÜV,
hott-hott-hotthü wär'n wir daheim,
bevor es qualmt, puffpüff

Wenn wir zwei Mutter Sonne wär'n,
dann klebt' an uns kein Schweiß,
wir würden brutzeln Opa Gnatz,
dem wär' dann pfannenheiß

Wenn wir zwei Duosilbe wär'n,
dann gäb' es schon mal zwei,
und käm' dann noch ein Frosch dazu,
so quakte man schon drei

Wenn wir zwei Schöpfungskronen wär'n,
dann wär'n wir Menschenbrut,
wir würden sinnen, Stund' um Stund',
und dann wär's auch mal gut

Weidenkätzchen

Weidenkätzchen, Steinwurf vom See,
mit denen ich kitzele, Vater

während der Indianer schweigt,
aus deinen Sommersproßentagen, Vater

während der Kuckuck gebietet,
aus verrottetem Stubengehölz, Vater

während die Finsternis dröhnt,
aus der Spalte des Felsens, Vater

während das Kätzchen kitzelt,
mit dem ich dich totschlage, Vater

www.ingramcontent.com/pod-product-compliance
Lightning Source LLC
La Vergne TN
LVHW041808190726
843493LV00009B/2845